Kim Hu-Ran

시인 김후란

새벽, 창을 열다

김후란 시집

새벽, 창을 열다

Poetics 시학

■ 시인의 말

 근래 나의 관심사는 좀 더 넓게 깊게 삶의 본질을 추구하면서 세계를 크게 보려는 방향으로 확대되고 있다. 그곳에 저 광막한 우주에 대한 외경심이 있고 인간존재의 존귀함에 대한 진실에 현휘로움을 느낀다. 심정적으로 이렇듯 대비되는 엄청난 세계에 우리의 가슴이 적응하며 지구상의 모든 생명체와 숨결을 함께하고 있음이 생각할수록 신비로워 가슴이 뛴다.
 밤하늘을 올려다보면서 아득히 흘러가는 듯한 미리내[銀河水]가 천문학자들 연구에 따르면 2천5백억 개의 별들이 몰려 있어서 그 빛이 흐르는 물길처럼 보인다고 했다. 그리고 저 우주에는 또 그만한 은하계가 수없이 많다고 한다.
 우리가 발붙이고 사는 지구라는 행성은 우주의 크나큰 공간에 떠 있는 아주 작은 하나의 공에 비유되고 있지만, 그러나 우리에겐 너무나도 큰 세계이다. 70억 인구가 사는 이 지구상에 태어나 그중에도 우리나라, 우리 가정에 태어나, 부모 형제 부부 자녀와의 혈연을 바탕으로 사회와 이웃에 연결된 생활 속에 나의 세계관 우주관을 안고 사는 이 엄청난 존재감…… 둘러보면 소중하지 않은 것이 없다.

이번 열한 번째 시집 『새벽, 창을 열다』를 상재하면서 지난번 시집 『따뜻한 가족』과 은연중 맥을 같이 하는, 삶의 소중함과 인간 생활의 애틋함에 여전히 사로잡혀 있는 나 자신을 본다. 내 시집을 손에 든 독자들과 보이지 않는 손을 따뜻이 잡고 싶다.
　이 시들을 진지하게 읽고 해설을 집필한 최동호 교수와 출판을 한 김재홍 교수께 그리고 귀한 작품을 표지화로 허락한 민경갑 화백께 고마운 뜻을 전한다.

2012년 가을
김후란

차 례

■ 시인의 말
■ 작품 해설 | 최동호

제1부 인생

의자를 보면 앉고 싶다—빈 의자·1　17
눈 덮인 언덕에서—빈 의자·2　18
마음의 고리—빈 의자·3　19
생명의 깃털—빈 의자·4　20
비밀의 계단—빈 의자·5　21
안개와 파도 속에—빈 의자·6　22
한 잔의 물—빈 의자·7　23
그대와 나란히—빈 의자·8　24
낙엽이 되어—빈 의자·9　25
등불 들고　26
짧은 광채光彩　27
수묵화水墨畵　28
문을 열면　29

제2부 사랑

꽃 한 송이 강물에 던지고 싶다　33
노트북 연서戀書　34
연필로 쓰기　35
별과 시　36
눈밭에 서 있는 나무　37
추억의 시간　38
푸른 도시의 문패　40
사랑 이야기　41
사랑의 손을 잡고　42
어머니 손길　43
형제여　44
고향의 기침 소리　45
예감豫感　46

제3부 소망

시詩의 집　51
소망　52
빛으로 향기로　53
새벽, 창을 열다　54
착한 새가 되어　56
달아　57
그림자　58
별을 줍다　59
청춘은 아름다워라　60
빛이 다가오듯이　61
보랏빛으로　62
손톱을 깎다　63
어느 도공陶工의 노래　64

제4부 추억

숲속 오솔길　67
슬픈 축제　68
종소리　70
거울 앞에서　71
이별　72
눈물　73
비를 맞으며　74
그곳에　76
바다에 비 내리네　77
환청幻聽　78
유성流星을 바라보며　79
은행나무 아래서　80
제비꽃 눈빛으로　82

제5부 생명

황홀한 새　85
생명의 신비　86
사과를 고르다　87
살아 있는 산　88
봄빛 속에　89
생명의 바다　90
여름비　92
가을에 깨달음을 받다　93
태풍 앞에　94
가을 햇살로　96
달걀　97
길을 묻는 이에게　98
작고도 큰 지구에서　100

제1부

인생

의자를 보면 앉고 싶다
— 빈 의자 · 1

의자를 보면 앉고 싶다
누군가를 기다리는
빈 의자
살아 있음을 증거하듯
바람이 쉬어 가는 그 품에
삶의 무게를
내려놓고 싶다

눈 덮인 언덕에서
―빈 의자 · 2

눈 덮인 언덕길을 걸었다
아무도 밟지 않은 길
힘겨울 때면 잡아 주는
보이지 않는 손이 있었다
훈훈한 바람이
목에 감겨든다
앉을 자리를 둘러본다
뚜벅뚜벅 걸어온 내 발자국이
나를 쳐다보고 있다

마음의 고리
— 빈 의자 · 3

사라져 가는 것의 작은 흔적도
다시없이 귀한 눈물이다
내 가슴을 딛고 가는 어떤 형상이
떠난다 해도
그 울림이 영원으로 이어진다
지구를 박차고 날아오른 새 떼
하늘 아득히 물무늬 지듯
법정스님의 나무쪽 이어 붙인 의자도
삼천 년 전 투탕카멘의 황금 의자도
침묵하며 칼바람 소리
스르릉 허공에 획을 그으며
마음의 고리를 이어 간다

생명의 깃털
― 빈 의자 · 4

저 거대한 산이 앉았던 자리
고요함을 딛고 흔들리고 있다
일렁이는 물거울에
얼비치는 존재가 보인다
광막한 우주 휘돌아
다시 돌아온 생명의 깃털
모든 곳은 누군가가 앉았던 자리
보이지 않아도 영원히 숨 쉬며
다음 분을 위해
햇살이 가만히 손을 얹고
기다린다
한없이 다사롭다

비밀의 계단
— 빈 의자 · 5

수채화 풍경이 흐르는 배경
오르간 소리 울리고
정든 골목길 담장에 얼룩진 그림들
냉이 달래 씀바귀 혀끝에 쌉쌀한
낡은 시간 위에
비밀의 계단을 오르며
지나간 일들
지나간 사람들
다가올 일들
모두가 익숙하고 모두가 낯설다
의자는 무거운 나를 보듬고
쉬어 가라 쉬어 가라 자장가를
불러 준다
가만 가만히

안개와 파도 속에
― 빈 의자 · 6

그림인 듯 그 자리에 있다
모든 것이 변하고 묻혀 버려도
흔적은 그 자리에 있다
은은히 소릿결이
내 가슴속에 들어와 있다
떠나간 이들이 남긴 이야기
안개와 파도 속에
물보라 일으킨 세월
결 삭은 흙냄새에 기대어
깊이 생각에 잠기다

한 잔의 물
— 빈 의자 · 7

누군가가 앉아 있었다

기다림을 알게 하는 의자

기다릴 줄 아는 이에게

자리를 내어주는 의자

바람에 휘둘려 숨 가쁘던 생

한 잔의 물 건네는 공양의 손길에

먼 바다 끝에 있는

작은 섬에 오르듯

비로소 빛 부신

그분의 옷자락을 잡는다

경계를 허물고

지혜의 눈이 뜨인다

그대와 나란히
— 빈 의자 · 8

고요함을 헤치고
살아나는 소리
기억의 저편으로 나를 끌어가는
언젠가의 그대 목소리
그 소리 들린다
온종일 숲길을 걸었다
걸으면서 들었다
그대와 나란히 앉고 싶다
나무 그늘 언젠가의 그 의자에

낙엽이 되어
— 빈 의자 · 9

바람이 분다 은행잎이
흩날린다
내 마음속 빈 의자에
황홀한 몸짓으로 떨어진다
나를 버리라 한다
나 물들어
고운 낙엽이 되어
이리저리 바람결 따라
헤매다가
적멸* 문턱에 놓인 의자에
고이 눕는다

* 적멸寂滅 : 번뇌의 경계를 떠난 열반.

등불 들고

깨어 있음이
존재함이라면
잠들지 못한 이 시간이
나를 존재케 함이라면
짙은 안개 헤치고
등불 들고
영원히 살 것처럼
꿈을 꾸리라
실존의 언덕에서

짧은 광채光彩

굽이쳐 흐르는 세월
문득 벼랑에 핀 풀꽃에서
내뿜는
아주 짧은 광채

밝음을 지나
어둠을 지나
언젠가는 모든 게 사라진다 해도

지금 깨어 있으므로
눈부시다
묵은 짐 내려놓고
날마다 새롭다

수묵화 水墨畫

화선지 흰 가슴에
먹물 먹은 붓이
내리꽂히는 순간
산과 강이 몸을 떤다

고요하기론
세상이 정지된 듯도 하다만

산 너머 또 산 너머
메아리지는 울림이 있고
누군가의 뒷모습이
등성이 굽이돌아 사라지고

바람 한 점 스쳐 가는
크고도 깊은 세계
잠긴 듯 떠오른다

문을 열면

닫기 위한 문과
열기 위한 문
문을 닫는 사람과
문을 여는 사람

큰 집 작은 집
일상의 번뇌 속에 뒤척이고
깨어 있음의 새로운 눈으로
닫혀 있음과 열려 있음
세상을 향한 문 여닫힌다

그러나
그러나 마음의 빗장을 풀면
공간 가득 넘치는
빛과 노래
사랑으로 마음의 문을 열면

제2부

사랑

꽃 한 송이 강물에 던지고 싶다

꽃 한 송이
흐르는 강물에 던지고 싶다
일만 년 전 빙하기氷河期 끝나면서
인류의 역사 바뀌었듯이
우리 사이에 가로놓인
빙하기 풀고
너의 가슴에 고운 꽃 한 송이
출렁이게 하고 싶다
살아 있음을 증거하는
우리의 길
꽃잎 띄운 강물이고 싶다

노트북 연서戀書

허공에 떠도는
언어의 축제
클릭한다
침묵의 대화로
사랑을 나눈다
목이 마르다
네 목소리가 듣고 싶다
젖은 글씨로 쓴
편지를 받고 싶다
살아 있는
연인이고 싶다

연필로 쓰기

부드러운 연필로
그 이름 써 본다

지우개로 지우고
쓰고 또 쓰고

인생도
다시 살 수 있다면

나무 향기 그윽한 연필로
쓰고 싶은 이름
쓰고 또 쓰듯이

별과 시

밤하늘 별들은 너무 멀구나
찢기는 심정으로 바라본
윤동주 시인의 별들
정다운 너 하나 나 하나
어디서 무엇이 되어 다시 만나랴, 던
김광섭 시인의 별들
오늘 이 가슴 뜨겁게
나를 사로잡고 놓지 않는다
산다는 건 무언가
어디서 와서 어디로 가는가
까마아득하게 세월을 뛰어넘어
우리의 눈 맞춤은 그윽하고 슬프다
가고 아니 오는 사람
따라나선 길
오늘 밤 별들도 눈물을 흘리고 있다
별이 시가 되어 나에게 기댄다

눈밭에 서 있는 나무

온종일 눈이 내린
그 이튿날
눈밭에 발을 담근 겨울나무들
여럿이서
혼자서
세상을 응시하는 철학자 되어
장엄한 침묵으로 서 있다
모차르트의
구도자의 저녁기도가 흐르고
추운 겨울나무에겐
길게 흘러내린 그림자뿐
내 발밑에 기대인 그림자처럼

추억의 시간

그날 아침 아우와 산책을 하면서
훌쩍 건너뛴 세월을 보았다

나이 들어가는 건 자연의 순리라고
이따금 마주 보며 미소를 지었다
장장 열두 시간 항공 여행길
감회 젖은 미국에서의 만남을
서로가 위로하는 눈빛으로

어느 주택가에서
개라지 세일*이 열리고 있었다
차고 문을 열어 놓고
오밀조밀 늘어놓은
살림살이 앞에서
금발 여성이 상그레 웃고 있다

무슨 사연일까, 그림액자 커피잔 장신구들……
추억이 묻어 있을 잡동사니 속에서

대리석 작은 촛대 한 쌍을 집었다
그녀의 식탁을 장식했을 행복의 순간을

누구나 그렇다 살아가면서
지우고 싶어지는 순간이 있고
보듬어 안고 있는
추억의 시간들이 있다
만남과 헤어짐의 시간들이
애잔한 울림으로 나를 따라왔다

---

* 개라지 세일garage sale : 미국 주택가에서 년 1회 차고 문을 열어 놓고 이웃과 나누고 싶은 물건들을 싸게 파는 가정 행사.

푸른 도시의 문패

그 집 앞을 지나면
피아노 소리가 들렸다
아무도 없는 창가에서
부르는 손짓이 있었다
알 수 없는 훈기가
나를 사로잡는다
정다운 이웃은 참 좋아라
우리는 누군가의 부름을 느낀다
푸르러 가는 이 계절에
서로가 서로의 친구가 되어
어깨를 감싸 주는 바람 자락
이 고장 모든 집에는
푸른 도시의 문패가 반짝인다

사랑 이야기

새벽 창을 열자 속삭이듯
다가오는 빗소리
환상의 입김이 한없이 부드럽다

사랑은
눈빛으로 부딪치고
폭포의 추락으로 부서지는 것이라면
오늘 내리는 저 비는
또 누구 가슴에 폭포가 되고
흘러 흘러 강이 되려나

비가 오는 날은
누군가의 사랑 이야기
흠뻑 취해서 듣고 싶어라
잊고 있었던 누군가의
애틋한 사랑 이야기를

사랑의 손을 잡고

당신은 내 손을 잡고 걸으니
그것은 당신의 기쁨입니다
당신의 체온이 실려 오는 동안
그것은 나의 우주입니다

같은 쪽 같은 하늘 바라보며
가슴 뜨거운 이 순간
휘청대는 발걸음
서로 부축하면서
절로 차오르는 이 행복감

비바람 거센 밤
깊은 눈 험한 길도
당신이 내 손을 잡고 걸으니
우리의 우주는 맑은 하늘입니다

어머니 손길

반달 등허리
얼레빗 고운 물결

볕바른 마루 끝에 앉아
긴 머리 빗겨 주던
어머니 손길

내게도 어린 시절
그리운 날들
바위 같은 이 마음
훈훈해지네

형제여

둥근 그릇에
네모 그릇에
우리는 다른 세상을 보고 살지만

그윽한 눈빛
멀리 있어도
혼자서도 혼자가 아닌

형제여
우리 등나무로 얽혀서
향기로운 등꽃으로 세상을 밝히자

바다로 달려가는
물방울로 만나서
손을 잡고 흘러가는 강이 되자

고향의 기침 소리

어디선가 시작되어
모든 것의 시작인 생명의 원천
넉넉히 흐르는 강을 따라
우리는 간다

먼 길 돌아 다시
휘돌아 든 강줄기처럼
또다시 모여 편안한 고향 사투리로
마음 놓고 주고받는 삶의 이야기

오래된 나무 한 그루도
잊힐 듯 아득한 얼굴들도
어깨 스치는 바람과 함께
그 기침 소리 정겨운 인심
그리움뿐이다

예감豫感

이처럼 눈이 많이 오는 날은
내 이마에 빗물이 되어 흘러내리는
무의미의 의미를 알 것 같네

어디선가 눈발을 헤치고
오고 있을 그대여
우리는 부딪쳐 부서질
운명임을 알면서
그러나 결코 스러지지 않을
운명의 핵을 보듬고

저 별들이 환한 대낮에도
소리 없이 살아 있고
눈비 올 때도 그대로 빛을 쏘는
거대한 우주의 비밀처럼
우리는 이미 하나의 빛
깨끗한 눈물 한 줄기로
흐르고 있어

그대의 손이
나를 잡고 일어설 때
아, 그때 나는 알겠네
결코 무너지지 않을 나를
보게 된다는 것을

제3부
소망

시詩의 집

어느 때부터인가 연필이
좋아졌다
백지에 언어의 집을 짓는다
짓다가 잘못 세운 기둥을 빼내어
다시 받쳐 놓고
저엉 성에 안 차면
서까래도 바꾼다
그렇게 연필로 세운 집
고치고 다듬고 다시 일으켜 세우는
잠들지 못하게 눈 비비게 하는
연필로 집 짓는 일이 좋았다
작은 기와집 한 채
섬돌 반듯하게 자리 잡아 주고
흙 묻은 고무신 깨끗이 씻어 놓고

소망

생애 끝에 오직 한 번
화사하게 꽃이 피는
대나무처럼

꽃이 지면 깨끗이 눈감는
대나무처럼

텅 빈 가슴에
그토록 멀리 그대 세워 놓고
바람에 부서지는 시간의 모래톱
벼랑 끝에서 모두 날려 버려도

곧은 길 한마음
단 한 번 눈부시게 꽃 피는
대나무처럼

빛으로 향기로

알고 싶어라 존재의 실상이
어디로 사라지는지
저기 밤하늘을 꽉 채운 별무리들
태양보다 더 밝은 별조차
부서져 블랙홀에 빨려 들어간다지
생성과 소멸의 화두話頭는
영원한 비밀이다
광막한 우주에 외로운 지구
그러나 우리에겐 너무나도 큰 세계
풍요와 기근, 전쟁과 평화가 파도치면서
생명의 결곡한 의지가 일어서고
정서의 고리로 이어져
빛을 내뿜는 길이 보인다
무리 져 피어 있는

꽃길이 있다

새벽, 창을 열다

어둑새벽 창을 열다
쏘는 듯 신선한 바람
부드러운 햇살
깨끗한 눈뜨임에 감사하며
오늘도 하루가 시작된다

고요함 속으로 걸어오는
발자국 소리
존재하지 않는 소리가
태어나고
힘 있게 일어서는 생명의 빛

길 없는 길 열어 가는
새 떼처럼
나도 이 아침 날개를 펴다

도전과 극복이다

큰 세계가 있다
미래의 만남을 향하여
날자 크게 크게 날자

착한 새가 되어

어제 불던 바람이
빗줄기를 몰고 다시 찾아왔다
산처럼 덮쳐 오는 파도가 되어
유리창을 때린다

이런 날은 세상사 덮고
침묵할 수밖에 없다
클래식 음악을 틀어 놓고
차를 마시며
마음 놓고 책 속으로 빠져든다

그래, 상념의 시간
꿈꾸는 언어로 추억을 부르고
나는 오늘 착한 새가 된다
날카로운 발톱을 감추고
둥지를 지키는 솔개처럼

달아

달아 후미진 골짜기에
긴 팔을 내려
잠든 새 깃털 만져 주는 달아
이리 빈 가슴 잠 못 드는 밤
희디흰 손길 뻗어
내 등 쓸어 주오
떨어져 누운 낙엽
달래 주는
부드러운 달빛으로

그림자

부르지 않아도
너는 내 곁에 있다
바쁘게 돌아서도
옷자락 지그시 잡고
휘파람 불며 따라나선다
평생을 같은 길 가는
정다운 친구 내 그림자여
언젠가는 함께 쓰러질
충직한 네가 있기에
나는 혼자이면서
혼자가 아니다

별을 줍다

별들이 뜬 강물이다
황홀한 노랫소리 함께 흐른다
밤이 깊어도 세월이 가도
바다에 합쳐지는 먼 그날을 향해
끝없이 별을 주우며
별과 노닐며
이 세상 어느 기슭에나
눈물 젖은 사랑의 말 꽃 피우는 강
속 깊은 정 넘치는 그 눈빛에
부서지면서 다시 일어서는 강건한 의지
이 강물에 별들이 찾아와
함께 취해 흐르는 꿈길이다

청춘은 아름다워라

길을 걸었다
경쾌하게 찍힌 구두 자국에
매끄러운 깃털의 비둘기
부리를 찧는다

목에, 꿈 언저리에
농익은 포도주 향기 절로 배어나
젊음의 빛이 고여 내뿜는다

골목길은 정겹다
비틀거린 추억마저도
그리운 노래로 살아나는
아름다운 청춘!

빛이 다가오듯이

이상한 일이다 모든 종소리가
동시에 침묵하고
모든 사람이 다 깊이
아주 깊이 잠들어 있다는 것은
어제를 잊은 듯이 쓰러져
할 일을 꿈꾸는 이들의 계획은
잠속에서 무얼 기다리는 걸까
기다림은 살아 있다는 증거
깊은 잠 끝머리에 새벽이 되면
감은 눈에 생기가 돈다
모두가 죽었다가 다시 살아난다
빛이 다가오듯이
빛을 바라보듯이
고요함을 딛고 일어서는
맑은 새 얼굴

보랏빛으로

내게 남은 시간에
빛깔을 준다면
보랏빛 언어로 채우고 싶다

연보라
화선지에 번지듯
은은하게

꿈도
잊고 싶은 상처도
아릿한 연보랏빛으로
물들이고 싶다

손톱을 깎다

오늘의 근심 지나가게
창문을 열라
그리움 하나로 채우시라
어제의 미움 다 털어 버리라

묻혀 한겨울 난 잡초
밟혀도 흙 털고 일어나듯
깎아도 깎아도 자라나는
손톱 산뜻하게 깎는다
부질없는 잡념 털어 버린다

너무 빨리 흘러가는 인생
창 너머로 눈부시게 번지는
초록 물결 바라보며
이 봄날 시력을 회복한다
초월超越의 언덕이 보인다

어느 도공陶工의 노래

젖은 흙으로 그릇 빚어
불가마 속에서 환생하는
높은 멸도滅度의 하늘

손바닥 닳도록 주물러
그 땀이 스며든
진흙의 맛이 살아나
불가마 속에서
환희의 도자기 되듯이

나도 차라리 흙이 되어
한 개 도자기로 태어나기를
그렇게 살아나기를
마른 진흙처럼 갈라진 이 손바닥
하늘에 공양드리며

제4부

추억

숲속 오솔길

숲속 오솔길
걸어가면
떠나간 그대 그리워라

저 새소리 바람 소리에
보고 싶은 얼굴
허공에 일렁이네

낙엽이 누워
결 삭은 흙냄새
상처 입은 날들이
삭아 내리고

우리 손잡고 걷던 그 길
흘러간 시간은
돌아오지 않네

슬픈 축제

창가에 놓인 시든 화분에
아직도 물을 주는가
미련인가 집착인가
시든 꽃에 물을 주면서
다시 돌아올 건지 묻는
허망함이여

한때 그리도 영롱했던 삶이었다
너에게서 내뿜는 빛이
가슴을 출렁이게 했건만
산다는 건 무언가
빛깔이 있고 눈물이 있고
뜨거운 가슴이 있어
그냥 벅차기만 했던 순간들

어느 날 찬란했던 꿈을 접고
목마른 너는 눈을 감았다
추억은 아름답고 아프다

생각의 굴레에 날개가 나오고
깃털 고운 새가 되어
멀리멀리 날아가고
빛바랜 축제는 슬프다

종소리

오늘 멀리 떠나보낸
이 종소리가
그대 가슴에 안기기까지
얼마나 걸릴까

서로를 원하면서도
서로를 지나쳐
어딘지 모를 곳으로 간다면
산 너머 나무숲에 잠겨 버린다면

미래는 이미
활을 떠난 화살

함께 물에 들어가도
젖지 않는 그림자처럼
종소리 나를 끌고
떨리는 숨소리로
그대 가슴에 묻힐 수 있다면

거울 앞에서

마주 보면서 왜 나는 혼자일까
마주 서 있으면서
왜 손 잡을 수 없을까

문득 외로움에 몸이 떨리는
이 적막한 시간
모든 소리가 정지되고
울림이 없는 두려움

차가운 이마에 차오르는
가슴의 열기熱氣

젖은 달빛 안고 가는
너를 본다
어디선가 나를 보고 있는
우수憂愁의 눈길을 본다

이별

너무 이른 새벽
안개에 감싸인
어둠을 찢으며
먼 길을 나서는 일은
쓸쓸하다

새벽길은 아득하다
고집 센 아이의
질긴 울음같이
끝없이 바닥으로
떨어져 가는 시간

우리는 다시 만날 길 없는
이별의 순간을 껴안고
함께 부서져 내렸다
안개 짙은 그날 새벽에

눈물

저 하늘에서
뚜욱 떨어진
푸른 눈물 한 방울
이 가슴 울리는
그대 목소리

---

*서울삼성병원 영안실 앞, 최재은 작 조소 작품을 보고.

비를 맞으며

저 유리창에
부딪쳐 흘러내리는
빗방울의
숨 막히는 아픔
거울 앞에서
눈물 흘려 보지 않은 이
알 수 있을까

저 창밖 비 오는 세상을
한없이 바라보는 심정
돌아앉아 가슴 찢기는
눈물 삼켜 보지 않은 이
알 수 있을까

비 오는 날
젖은 세상 지켜보며
가슴속에 내리는 비를 맞으며
운다 울면서

손잡을 수 없는

너를 생각한다

그곳에

산도
강도
한 자락 바람이었을까

아득하다
멀리서 바라보면
눈부신 흐름이다

이른 새벽
다시 만날 길 없는
이별의 순간을 껴안고
부서져 내린 때

울타리가 없는 세상
갑자기 다가선
산 그리고 강

그곳에 너 있다
나 그리 가고 있다

바다에 비 내리네

바다에 비 내리네
내 가슴에 비 내리네

늘 푸른 언어를 토하던
바다
오늘은 잿빛으로
저리 큰 눈 가득
눈물 고인
바다

정녕 잊을 수 없는
삭지 않는 멍울로
떠 있는 섬 하나
내 가슴에 내리는 비

환청 幻聽

어디선가 들려온다
멀리서 가까이서 메아리지며
이 산 저 산 헤매는
속 깊은 너의 노래 소리

깃털처럼 가벼워서
사라져 버릴 듯
다시 다가와 은은히
나를 사로잡는다

지구 밖 저 우주를 휘돌아
서로를 찾아 맴도는
그리운 목소리

유성流星을 바라보며

무심히 바라본 밤하늘에
유성 하나 금을 긋고 사라진다
깊은 어둠 뚫고 가로질러 가는
저 항공기 불빛도 떨고 있다

사람들은 먼 곳으로 여행을 한다
돌아올 것을 기약하고
손을 흔들어 인사를 나누고

허나 오늘 밤 나에겐
신음하며 돌아눕는 이들이 보인다
갈 곳 없는 이들이 서성이고
꺼질 듯 날아다니는
숲 그늘 반딧불이가 보인다

참 많은 사람들이 떠나갔다
밤마다 별을 안고 살면서
나도 모르게 말소리 죽이고
그냥 허전하다

은행나무 아래서

그날 은행나무 아래
우리가 앉았던
그 벤치 오늘은 비어 있네

바람에 취해
비 오듯 쏟아지던 샛노란 은행잎들
산처럼 쌓여 가던 우리 이야기
은행잎 집어 주던 그대의 손
그리운 얼굴 눈앞에 있네

몸이 아파라 초록이 단풍 들어
온 천지 불붙어
열기에 찬 산허리 몸살을 앓는데

추억은 강물 되어 흐르고
멀리서 돌아 울려오는
가슴 저미는 진양조 가락

그날의 벤치는

오늘 비어 있지만

내 가슴에 그대 살아 있네

제비꽃 눈빛으로

잔디 속에서
보랏빛 제비꽃으로
눈 뜬 그대
나는 그 곁에 바위가 된다
말없이 흘러간 세월을
짚어 보며
떠난 이 보내지 않고
이 가슴 안에 함께 살면서
무연히 제비꽃 눈빛으로
천 길 바다 깊은
침묵의 대화 나눈다

제5부

생명

황홀한 새

처음으로 세상이 열릴 때처럼
광막한 하늘이 어둠을 찢고
눈부신 빛이 쏟아졌다
생명은 그렇게 태어났다

발끝에서부터 오묘한 핏줄이
온몸 온 세상을 휘감았다
내 삶은 그렇게 뻗어 갔다

때로 수레 끄는 어깨는 아팠다
침묵의 나무뿌리 깊지만
뜨거운 불길의 가슴 있어
열정의 노래 부르다가
그분의 큰 손길 따라
저 하늘로 날아오르는 것
황홀한 새가 되는 것

생명의 신비

존재하는 것 무어나
빛이 있어 볼 수 있다

낡은 책갈피에서 기어 나온
점 하나 벌레
바위 곁에 피어난 풀꽃 하나

야들야들 보들보들
눈 뜨는 나뭇가지에 흐르는
여린 봄빛
집 안에 울리는 아기 소리

이 모두 생명의 신비
천국을 본다

사과를 고르다

사과는 우주를 품고 있다
사과 바구니에서
잘생긴 사과를 고른다
이리 뒤적 저리 뒤적 사과를 건드린다

사과가 몸살을 앓는다
나 다쳐요
파르르 소리친다

그래 내가 틀렸다 너희들 모두
맛있는 사과다
모양새만으로 사과를 고르는 건
내 욕심이다

실팍하게 응집된 속살을 깨문다
향기가 세상 밖으로 튄다

살아 있는 산

밤낮 없이 상큼하게
초록빛 노래 출렁이네
별빛 받아 윤기 흐르는 밤
부드럽게 잉태되는 생명

그 너머로
잠들지 않고
홀로 떨어져 부서지는 폭포

우, 우, 누군가의 외침이 메아리지고
힘 있는 발걸음이 지축을 울리며
빗줄기로 정겹게 쓰다듬으며
산을 키워 가고 있었다

살아 있는 여름산
건강하게 빛나는 한국의 산
참 아름답다

봄빛 속에

봄은
거친 바람 속으로 오네
움트는 꽃봉오리 시샘하는
꽃샘바람

흙 속에 묻혀 한겨울 난
마늘종 새파랗게 솟구치듯
마른 나무줄기에 초록 물기 흘러
연한 잎새 다투어 세상을 보네

우리들 멍든 가슴에도
다시 만나는 생명의 꽃눈
환하게 트이거라
이 봄빛 속에

생명의 바다

바다는
깊이를 알 수 없는 침묵이다
너무 크고 너무 깊다

모든 생명
미쁘신 가슴으로 키우며
그냥 짙푸른 몸짓
수억 년이 지났어도
저 바다의 넓은 어깨는
여전히 건장한 청년이다

때로 핏줄 터진 짐승으로
몸부림치다가도
살아 있음을 증거하듯
황금빛 등비늘 빛내며
새로운 해맞이를 한다

황홀한 변신이다 언제나 새롭다

생명의 원천인 바다
미래에 도전하는 백마白馬들이
갈기를 날리며
오늘도 파도를 타고 있다

여름비

빗줄기가 거세질수록
나무는 고개를 들고
하늘을 끌어안는다

나도 두 팔을 벌려
혼연히 서 있는
나무가 된다

혼돈과 열기의 도시에
내리퍼붓는 여름비
내 안에 끓는
비감悲感의 언어들을
쓸어 가는 비

가을에 깨달음을 받다

성숙의 가을이
말없이 내게 묻다

모든 열매에 단물이 오르면서
둥글게 떠오르는 이치를 아는가고

멀리서 달려온 바람자락이
스르릉 가슴 활 울리고 갈 때
문득 정신이 들면서
알 것 같아라 그분의 뜻

뿌리 깊은 열기에
이어지는 생명의 고리
작은 씨앗 속 할딱이는 숨결에
새삼 그 커다란 손 느끼며

고개 숙인 황금 들판 바라보다가
높은 가을 하늘 올려다본다

태풍 앞에

태풍은 미친바람이다
때 없이 폭풍우로 지상의 리듬
삶의 기틀 짓밟는다

지난여름 세계 곳곳에서
바다가 일어서고 강이 범람하고
산도 도시도 무너져 내려
네가 할퀴고 간 상처에 넋을 놓았다

자연이 몸부림치고 덮칠 때마다
인간은 숲 훼손 자연파괴 부끄러웠다
일산화탄소 과다 배출, 지구온난화, 기후변화

인생은 모험의 연속이지만
낭떠러지가 끝이 아니다
선한 생명들 다시 살리는 지혜와 의지
생의 굴레에서 다시 일어서는 힘

돌아온 사랑 같은

자연의 부드러운 손길을 믿으며

푸른 묘목 또다시 심고

모든 게 새로운 도전이다

우리에겐 내일이 있다

가을 햇살로

참 신비하여라
생명이 있다는 건
바위 짓눌려 죽은 듯 숨죽여도
그 옆으로 비집고 나오는
작은 풀꽃 여린 손가락

사과 배 복숭아
포도 감 대추
무겁게 열매 가득 자랑스레 서 있는
과일나무들의 소리 없는 합창

아 놀라워라 살아 있음의 환희
이렇게 좋은 가을날
이 세상 온갖 얼룩진 이야기
저 산마루 구름에 다 실어 보내고
사락사락 만져지는
환한 가을 햇살로 살았으면

달걀

이 세상에 태어나
눈도 코도 입도 없는
무명둥이라 한다면……
맨몸으로 나선 세상
있음이 없음이요 없음이 있음이라
닫친 벽 그 안에 향기가 있고
출렁이는 심장
안으로 충만한 생명의 오묘함
그 깊은 침잠을 깨고 눈뜨는 생명이여
고통도 희망의 계단
죽은 듯 살면서
놀라운 세계를 호흡하며

길을 묻는 이에게
— 이 기쁜 성탄절

길을 묻는 이에게
사랑과 빛으로 오심
그 높고 거룩한 뜻이
지상의 가장 낮은 곳에서부터
이뤄짐을 생각합니다

순결과 헌신의 희디흰 눈이 내려
기쁜 성탄 축복의 날이 열리고
추운 겨울 그늘진 자리에
당신의 크고 부드러운 손

캄캄한 땅에
구원의 빛으로 오신 메시아
인간에게 말씀을 주기 위해
인간의 몸으로 오시고
인간다움 일깨우기 위해 다가오신
그 향기로운 숨결

당신의 순수와 젊음이
못 박혀, 피 흘려, 죽으심을 보았으므로
당신의 태어나심 슬프고 두렵습니다
그러나 인간세계의 가시 돋친 불협화음
불같은 대결의식
우리 대신 아픈 피로 씻어 주며
다시 거듭나라고 가르치시니

곤경 속에도 웃을 줄 알고
마음까지 가난하지 말아야 한다는
눈물 젖은 사랑의 말씀
우리들 사막 같은 가슴에 활짝 꽃피게 하소서
이 기쁜 성탄절에

작고도 큰 지구에서

사람들은 지구의 기슭에서
보폭 넓은 행보에 의미를 부여하지만
내일을 모르는 운명에도 소리 크게 살지만
지구는 우주의 한쪽에
너무 조그만 몸을 하고 있다
그래도 지구인들은 움츠리지 않는다
새벽마다 새로운 기운으로 일어나
맑은 바람에 뺨을 적시며
훈기 서린 땅을 힘 있게 밟는다
언제나 새로운 출발이다
새벽은 푸른 음악으로 열리고
빛으로 그림을 그리는
화려한 손을 가졌다
생명을 이끄는 의지
담장 밑에 꽃피는 작은 얼굴의
풀꽃들을 사랑하며
지구가 온 세상이다

■ 작품 해설

빈 의자와 흘러가는 별빛
― 김후란 시집 『새벽, 창을 열다』에 대하여

최 동 호
(시인 · 고려대 국문학과 교수)

1. 빛과 흔적과 빈 의자

『새벽, 창을 열다』는 김후란의 열한 번째 시집이다. 우선 1960년에 등단하여 1967년에 첫 시집 『장도와 장미』를 간행했다는 점을 고려해 볼 때 그가 우리 시단의 일반적인 관례에 비해 신중한 행보로 작품집을 출간해 왔음을 알 수 있다. 너무 많은 시집의 범람 속에서 생각해 보자면 그의 신중함이 귀하게 여겨지기도 한다. 김후란이 견지해 온 일관된 특징은 현란한 수사나 과장된 목소리로 자신을 드러내지 않았다는 점이다. 그는 한 단계 낮은 목소리로 자신을 표현해 왔다. 그

것은 인간적 겸양이자 문학적 소신이다. 그도 때로는 격하게 표현하고 싶은 순간이 있었으리라 짐작되기는 하지만 그런 순간에도 균형을 잃지 않고 침착한 어조와 담백한 언어로 자신의 감정을 여과시켜 왔다는 것이 그의 중요한 시적 특징이다. 그러므로 그의 시를 제대로 읽기 위해서는 섬세한 눈길이 요구된다. 시류에 편승하는 재주넘기가 아니라 어떤 불변하는 진실과 신념으로 자신의 삶과 더불어 시 세계도 성숙시켜 온 까닭에 더욱 그러하다.

이번 시집은 종전의 시집에 비해 그로서는 비교적 진술하고 과감하게 자신의 감정을 표현한 시편들이 더러 보이기는 하지만 역시 그는 자신이 지닌 시적 신념을 더 철저하게 심화시켜 순화된 시 세계를 보여 주고 있다. 모두 다섯 부분으로 나뉘어져 있는 이번 시집에서 깊은 사유와 통찰을 보여 주는 제1부의 연작시 「빈 의자」를 집중적으로 분석하고 이와 관련된 다른 시편들을 검토하여 김후란의 시가 지닌 독자적 세계의 특징을 규명해 보기로 하겠다.

2. 연작시 「빈 의자」는 기다림에 의해 만들어졌다

밀도 높은 시적 사유를 보여 주는 연작시 「빈 의자」는 우선 기다림의 성숙 과정과 생명의 유한성을 생각하게 만든다. 이 연작시에서 김후란이 도달한 빈 의자는 오랜 기다림으로 만들어진 그만의 사유 공간을 갖고 있다. 누군가를 기다리고 있는 의자, 그것은 생의 긴 도정을 다 마칠 무렵 자신이 돌아갈 곳을 사유하는 자가 도달하게 되는 사물이자 공간이다. 누군가 대상을 기다리면서 그 대상이 곧 바로 자기 자신이 되는 인식전환의 매개체가 의자이다. 그 의자는 비어 있다. 인생의 온갖 시련을 겪고 난 다음 생을 마무리하는 시점에서 자신이 안식하고 싶은 비움의 자리를 상징적으로 의미하는 것이 김후란의 의자이다.

질주의 시대가 지나가면 누구나 안락의 자리를 생각하게 된다. 마치 누군가 거기서 자기를 기다리고 있을지도 모른다는 예감도 갖게 된다. 무거워진 생의 무게를 실감하고 그 무게를 비우고자 한다. 생의 무게를 느낀다는 것은 그만큼 상당한 세월을 살아 왔다는 증거이기도 하다.

> 의자를 보면 앉고 싶다
> 누군가를 기다리는
> 빈 의자
> 살아 있음을 증거하듯
> 바람이 쉬어 가는 그 품에
> 삶의 무게를
> 내려놓고 싶다
> ―「의자를 보면 앉고 싶다―빈 의자 · 1」 전문

이 시에서 화자는 독백의 어조로 바람이 쉬어 가는 품에 삶의 무게를 내려놓고 싶다고 말하고 있다. 그것은 남에게 하는 말이 아니라 자기 자신에게 하는 어투로 들린다. 보다 정확하

게 말하자면 그 독백의 어조가 남에게 말하고 있는 것 같지만 결국은 자신에게 자신의 심정을 토로하는 어조를 취하고 있는 것이다. 화자는 빈 의자가 마치 자기를 기다리고 있었을지도 모른다고 생각한다. 그러므로 그 의자에 자신이 겪어 온 생의 무게를 내려놓고 싶다고 말하고 있는 것이다. 우리가 이 독백의 어조에서 중요하게 보아야 할 것은 화자가 취하고 있는 다음과 같은 관조적 자세이다.

> 눈 덮인 언덕길을 걸었다
> 아무도 밟지 않은 길
> 힘겨울 때면 잡아 주는
> 보이지 않는 손이 있었다
> 훈훈한 바람이
> 목에 감겨든다
> 앉을 자리를 둘러본다
> 뚜벅뚜벅 걸어온 내 발자국이
> 나를 쳐다보고 있다
> ―「눈 덮인 언덕에서―빈 의자 · 2」 전문

이 시에서 핵심이 되는 시어는 '보이지 않는 손'과 '내 발자국'이다. 화자가 세상사로부터 힘겨움을 느낄 때 보이지 않는 손은 그를 격려하고 붙들어 주었던 것이다. 그 손이 있음으로 인해 화자는 견디기 어려운 순간을 이겨 나오는 힘을 얻었다. 그러나 이 시의 의미를 증폭시키는 것은 마지막 부분에 나오는 "내 발자국이/ 나를 쳐다보고 있다"라는 구절이다.

범상한 구절이라고 지나칠 수도 있지만 화자가 겪어 온 생의 무게를 생각할 때 이 구절은 깊은 음미가 필요하다. 힘겹게 살아 나온 자신의 발자국을 스스로 관조적으로 바라볼 수 있게 되었다는 점에서 자신의 발자국을 바라보는 화자의 시선은 객관적으로 자신을 돌아보는 마음의 여유를 가지게 된 사람의 것이다.

화자는 「마음의 고리」에서 "사라져 가는 것의 작은 흔적도/ 다시없이 귀한 눈물"이라고 말하고 있는데 '귀한 눈물'의 울림은 영원과 이어진다고 상상하는 것이 김후란 특유의 시적 감각이다. 결국 마음의 고리가 이어지지 않는다면 '투탕카멘의 황금 의자'의 침묵도 무의미한 것이 되고 말 것이다. 이런 시각에서 본다면 김후란이 말하고 있는 의자는 사라져 가는 것과 영원한 것을 이어 주는 매개적인 마음의 고리가 되는 것이다.

3. 얼비치는 존재와 생명의 깃털

사라져 가는 것과 영원한 것을 이어 주는 마음의 고리가 있는 까닭에 김후란은 생명의 영속성을 상상하게 된다. 김후란의 시에서 생명은 유한한 것으로 인식되고 그 유한성을 매개하는 것이 의자라면 유한성을 넘어서 영원성으로 나아가게 하는 것은 생명의 깃털로 표현된다.

저 거대한 산이 앉았던 자리
고요함을 딛고 흔들리고 있다
일렁이는 물거울에
얼비치는 존재가 보인다
광막한 우주 휘돌아
다시 돌아온 생명의 깃털
모든 곳은 누군가가 앉았던 자리
보이지 않아도 영원히 숨 쉬며
다음 분을 위해
햇살이 가만히 손을 얹고
기다린다
한없이 다사롭다

—「생명의 깃털—빈 의자 · 4」 전문

    화자는 거대한 산이 있던 자리에서 물거울에 얼비치는 존재의 형상을 본다. 그리고 그 자리에서 광막한 우주를 휘돌아 다시 탄생한 존재 즉 '생명의 깃털'을 본다. 여기서 생명의 깃털에 내포된 상징적 의미는 영원한 생명력 그 자체이다. 이 지점에서 김후란은 범신론적 사유를 보여 주는데 그것은 생명의 보편성에 대한 그의 확신을 나타내는 것이기도 하다. 생명에서 생명으로 이어지는 영속성에 대한 그의 확신은 거대한 산처럼 흔들림 없는 생의 확신이기도 한 것이다. 이 시의 결구에서 보는 것처럼 한없이 다사로운 손길에서 그는 다음 분을 위한 기다림을 가질 수 있게 된 것이다.

    이 기다림의 시간에 도달하기까지 화자는 '낡은 시간 위'의 '비밀의 계단'을 오르며 지나간 일과 지나간 사람들을 회

상한다. 그 모두가 익숙하고 그 모두가 낯설어 생의 무거운 짐을 지고 있는 화자에게 쉬어가라고 위안을 주는 것은 그가 상징적 의미를 부여한 의자이다. 모든 것이 변해도 그 의자는 자신의 자리를 지키고 있는 것이다.

> 그림인 듯 그 자리에 있다
> 모든 것이 변하고 묻혀 버려도
> 흔적은 그 자리에 있다
> 은은히 소릿결이
> 내 가슴속에 들어와 있다
> 떠나간 이들이 남긴 이야기
> 안개와 파도 속에
> 물보라 일으킨 세월
> 결 삭은 흙냄새에 기대어
> 깊이 생각에 잠기다
> ―「안개와 파도 속에―빈 의자 · 6」 전문

세월이 모든 것을 파묻혀 버려도 흔적은 그 자리에 있다. 자신의 자리를 지키는 흔적은 그의 가슴속에 들어와 떠나간 이들이 남긴 이야기를 화자에게 전해 준다. 안개와 파도 속에 물보라 일으키던 세월에 묻힌 그 많은 이야기들도 가슴속에서 결이 삭아 향기로운 흙냄새를 풍기는 사색의 원천이 되는 것이다.

향기롭다는 시어는 문면에 나오지 않지만 '결 삭은'이라는 표현 속에는 거칠었던 체험들의 순화과정이 내포된다. 거친 현실의 체험들이 곱게 삭은 흙냄새로 순화되고 여기에서 한 걸음 더 나아가 우주를 휘돌아 온 그것을 생명의 깃털로 승화시켜 표현하는 것이 김후란 특유의 시적 감각이다.

4. 지혜의 눈과 적멸의 문턱

흔적을 남긴 자리에서 사유를 거쳐도 사라지지 않는 것들을 은은한 소리의 결로 되새긴다면 그 흔적들은 결이 삭은 흙냄새를 풍길 것이다. 여기서 삭은 흙냄새는 근원에 도달했음을 나타내는 징표이다. 생의 근원에 도달한 인간은 보다 겸허한 헌신의 자세를 생각하지 않을 수 없을 것이며 거기서 김후란은 생사의 경계를 허무는 지혜의 눈을 뜨게 된다.

> 누군가가 앉아 있었다
> 기다림을 알게 하는 의자
> 기다릴 줄 아는 이에게
> 자리를 내어주는 의자
> 바람에 휘둘려 숨 가쁘던 생
> 한 잔의 물 건네는 공양의 손길에
> 먼 바다 끝에 있는
> 작은 섬에 오르듯
> 비로소 빛 부신
> 그분의 옷자락을 잡는다
> 경계를 허물고

지혜의 눈이 뜨인다
―「한 잔의 물―빈 의자・7」 전문

이 시에 이르러 의자의 의미는 한 단계 더 상징적으로 심화된다. 지금 비어 있는 의자는 기다릴 줄 아는 자에게 자리를 내어주려고 그 누군가를 기다리고 있다. 그 의자는 생명에서 생명으로 이어지는 삶의 도정을 기다릴 줄 아는 자에게만 허락되는 것이다. 그러므로 그 의자에는 아무나 앉을 수 없다. 화자는 이 시에서 미시적인 시각으로 사물을 그리고 있는데 그것은 한 잔의 물과 작은 섬에서 발산되는 빛을 부각시키기 위해서이다. 이 과정에서 시원의 바다에 이르게 하는 '공양의 손길'은 독자로 하여금 절대자를 향해 헌신하는 자의 경건함을 느끼게 한다. 극소의 지점에 이르러 빛으로 변신하는 존재의 비의는 극적으로 삶과 죽음의 경계를 허물고 마침내 화자로 하여금 '지혜의 눈'을 뜨게 만든다.

결국 의자에 앉아 기다리면서 화자에게 기다림을 알게 한 그분은 신성한 옷자락을 지닌 경건한 절대자이다. 김후란이 지속적으로 노래한 영원이란 바로 이 지점에서 빛으로 변신한다. 그분이 바로 그에게 지혜의 눈을 뜨게 하는 존재이다. 그러나 그가 한 순간 지혜의 눈을 떴다고 하더라도 항상 그 자리를 지킬 수 있는 것은 아니다. 다시 그는 생과 사의 경계를 허무는 바람을 만나게 된다.

바람이 분다 은행잎이

흩날린다
내 마음속 빈 의자에
황홀한 몸짓으로 떨어진다
나를 버리라 한다
나 물들어
고운 낙엽이 되어
이리저리 바람결 따라
헤매다가
적멸 문턱에 놓인 의자에
고이 눕는다
—「낙엽이 되어—빈 의자 · 9」 전문

 가을바람이 분다. 황금빛으로 물든 은행잎이 바람에 날린다. 의자는 밖에 있는 것이 아니다. 그것은 내 마음속에 있다. 바람에 날리는 은행잎이 내 마음속으로 떨어지면서 나를 버리라고 한다. 인간의 모든 고통은 나를 버리지 못해 생겨나는 것이다. 지혜의 눈을 뜬다고 해도 진정으로 나를 버린다는 것은 결코 쉬운 일이 아니다. 마음속에 남아 있던 나는 바람을 타고 날아든 낙엽의 소리를 듣고 자기를 버리기 위해 물든 낙엽이 되어 이리저리 바람에 휘날린다. 그가 끝내 도달하게 되는 것은 존재의 마지막 순간 적멸의 문턱이다.

 그런데 김후란의 새로운 시적 발견은 바로 그 자리에 의자가 있다는 것이다. 이 문턱에 놓인 의자에 '고이 눕는다'고 표현한 것은 존재의 마지막 순간을 거부하지 않고 받아들이겠다는 뜻이다. 존재의 근원을 묻는「빈 의자」연작시를 통해 김후란이 도달한 결론이 바로 적멸의 문턱에서 번뇌의 경계를 넘어서는 한 순간의 깨달음이다. 안개와 파도 속에 물보라 일으키던 세월의 단련을 통해 존재의 구극을 보는 득의의 순간이 여기에 있다.

5. 생명은 빛에서 탄생하여 우주를 순환한다

김후란의 시에서 생명은 빛으로 감지된다. 형이상의 의미를 지닌 빛은 어둠을 찢고 탄생하여 황홀한 새가 되어 비상한다. 빛 속에서 태어나 빛 속에서 살고 빛 속에서 사라진다.

> 처음으로 세상이 열릴 때처럼
> 광막한 하늘이 어둠을 찢고
> 눈부신 빛이 쏟아졌다
> 생명은 그렇게 태어났다
> ―「황홀한 새」부분

『성경』의 천지창조를 연상시키는 이 구절에서 우리는 어둠을 찢고 나타난 생명이 열정의 노래를 부르다가 황홀한 새가 되어 날아오르고 있음을 본다. 이 시적 인식이 김후란의 시 전편에 흐르는 생명에 대한 근원적인 발상이다. 빛이 다가오고 생이 이루어져 나가고 그 경험의 흔적들이 추억을 만들고 다시 우주를 휘돌아 생명의 깃털로 부활한다. 그는 우주를 여행하다 소멸하는 유성을 바라보며 인간의 생 또한 유한하다는 것을 연상한다.

> 무심히 바라본 밤하늘에
> 유성 하나 금을 긋고 사라진다
> 깊은 어둠 뚫고 가로질러 가는
> 저 항공기 불빛도 떨고 있다
> ―「유성流星을 바라보며」 부분

 밤하늘을 날아가는 항공기를 바라보며 화자는 지상에서 만나고 헤어진 사람들을 떠올려 본다. 숲 그늘에 살고 있는 반딧불이도 그 나름의 짧은 생을 살다 간다. 지상에는 온갖 유형의 생이 있다. 유성과 항공기를 대비시킨 흥미로운 발상은 우리가 살고 있는 지상에서의 짧은 생을 되돌아보게 만든다. 어둠을 찢고 빛으로 탄생한 생명이 새로 비상하고 그 새는 여기서 항공기가 되어 밤하늘을 날고 있다. 항공기는 승객을 태우고 유성처럼 우주의 어딘가를 향해 날아가고 있다. 그 사이에 인간의 생멸이 있다.

 이런 우주적 상상력에 주목하여 김후란의 시적 특성을 총체적으로 집약시킨다면 우리는 그것을 원환의 상상력이라 명명할 수 있을 것이다. 앞에서 거론한 「생명의 깃털」이나 「안개와 파도 속에」와 같은 시편에서도 원환의 상상력은 생명의 순환 고리처럼 반복적으로 나타난다. 원환의 상상력을 바탕에 두고 있는 까닭에 김후란은 생과 사의 경계를 넘어서는 시적 사유를 전개할 수도 있고 나를 버리고 적멸의 문턱에 고이 누울 수도 있는 것이다. 물론 이러한 시적 인식에 도달한다는 것은 쉬운 일이 아니다. 열정과 좌절과 분노가 뒤엉킨 현실을 살아가야 한다는 것은 인간으로서 피할 수 없는 생의 과정이다. 반세기가 넘게 복잡다단한 현실의 난관을 이겨 내며 살아야 하는 과정에서 김후란의 중심을 굳게 지켜 준 것은 그의 삶에 대한 결연한 자세이다. 시에 우선하는 것이 생이라면 그 생을 확고하게 사는 것은 시에 우선하는 것이다. 벼랑 끝에서도 자신을 지킬 수 있는 신념과도 같은 개결한 생의 자세가 김후란의 중심을 지키고 있었다는 것은 시인 이전에 인간으로서도 다행한 일이었는지도 모른다.

> 생애 끝에 오직 한 번
> 화사하게 꽃이 피는
> 대나무처럼
>
> 꽃이 지면 깨끗이 눈감는
> 대나무처럼
>
> 텅 빈 가슴에
> 그토록 멀리 그대 세워 놓고
> 바람에 부서지는 시간의 모래톱
> 벼랑 끝에서 모두 날려 버려도
>
> 곧은 길 한마음
> 단 한 번 누부시게 꽃 피는
> 대나무처럼
>
> ―「소망」 전문

이 시에서 말하고 있는 소망은 시 이전의 소망이요 시를 넘어서는 소망이다. 김후란에게 가장 강력한 소망은 '곧은 길 한마음'을 지키는 것이다. 이는 누구도 침범할 수 없는 성스러운 아우라를 지닌 것이다. 한마음으로 곧고 바른 길을 가고 있다고 믿기에 그는 당당하게 그리고 일관되게 자신의 인생을 살고 시적 일관성을 지켜 올 수 있었을 것이다. 그의 가슴 깊은 곳에 자리 잡고 있는 소망은 '단 한 번 꽃 피는 대나무처럼' 살고 싶은 것이다.

인간으로서 생에 대해 그리고 시에 대해 강렬한 열정을 머금고 있음에도 불구하고 김후란은 초기부터 지금에 이르기까지 언어적 세공에 골몰하지 않았다. 현학적 언사나 기발한 착상을 보여 주려고 하지도 않았다. 밖으로 자기를 과시하기보다는 안으로 천착하며 자신을 성찰하는 자세를 견지해 왔다. 그런 까닭에 얼른 밖으로 드러나지 않는 그의 시적 사유는 언어의 이면을 깊이 음미해야만 진솔하고 진지한 서정의 맛이 우러나온다.

김후란의 시 전체를 조감할 때 그는 등단 이후 50여 년이 넘는 세월을 시류에 흔들리지 않고 당당하게 자신만의 길을 걸어왔다. 20세기의 혼란과 격동의 한국현대사를 살아야 했던 까닭에 김후란의 시적 역정은 결코 쉽지 않은 과정을 거쳐 형이상의 세계에 도달했다. 그런데 그것은 종료된 것이 아니라 미래를 가지고 있다는 점에서 발전적이다. 특히 이번 시집의 표제가 된 시 「새벽, 창을 열다」에서 볼 수 있는 것처럼 김후란이 인식한 생명의 빛은 그의 시에 새로운 역동성을 부여

할 것이라 믿는다.

> 고요함 속으로 걸어오는
> 발자국 소리
> 존재하지 않는 소리가
> 태어나고
> 힘 있게 일어서는 생명의 빛
> ─「새벽, 창을 열다」 부분

위의 시에서 우리는 김후란의 새로운 시적 출발점을 감지한다. 앞에서 검토한 연작시편 「빈 의자」에 집중된 시적 사유로 그의 시가 머무르고 마는 것은 아니다. 그는 삶과 죽음의 경계를 넘어서는 시적 사유를 바탕으로 새로운 도약을 예비하고 있다. 지금까지 축적한 생의 고락을 다 비우고 어둠 속에서 연 새벽 창문으로 불어오는 신선한 바람이 그의 시심을 강화시킨다. 미래의 큰 세계로 비상하려는 도전과 극복의 의지가 그의 내면에서 태동하고 있는 것이다. 죽음을 넘어서는 미래의 준비를 위해 오늘 하루하루를 새롭게 살겠다는 굳건한 의지가 길 없는 길을 열어가는 새 떼처럼 날개를 펴려고 한다. 여기서 '모든 끝에는 새로운 시작이 있다'는 경구가 음미되어야 한다.

이 글을 마무리하는 지점에서 앞으로 그의 시가 '힘 있게 일어서는 생명의 빛'으로 미래를 향해 퍼져나가 크게 열려질 것이라 예견한다는 것은 즐거운 일이다. 커다란 비상을 위한 도전과 극복의 의지가 그의 시에 살아 숨 쉬기 때문이다. 그런 점에서 본다면 김후란의 시는 지금 원점에서 다시 출발한다고 할 수 있다. 존재하지 않는 소리를 찾기 위해 고요함 속으로 걸어가는 그의 발자국 소리가 생명의 빛을 얻어 미래의 시로 약진하기를 기원하는 축복의 말을 그에게 전하고 싶다.

시인 김후란 金后蘭

1934년 서울에서 태어남. 본명 김형덕
1960년 『현대문학』지로 등단, 청미회靑眉會 동인
서울대학교 사범대학 수학, 전 언론인, 한국여성개발원 제2대 원장 역임,
정부공직자윤리위원 역임, 한국방송광고공사 공익자금관리위원장 역임,
문화방송 이사 역임, 성숙한 사회 가꾸기모임 공동대표 역임, 생명의 숲 이
사장 역임, 한국여성문학인회 회장 역임
수상 현대문학상 월탄문학상 한국문학상 서울시문화상 펜문학상 등
      국민훈장 모란장 수훈
저서: 제1시집 『장도粧刀와 장미薔薇』
      제2시집 『음계音階』
      제3시집 『어떤 파도波濤』
      제4시집 『눈의 나라 시민이 되어』
      제5시집 『숲이 이야기를 시작하는 이 시각에』
      제6시집 『서울의 새벽』
      제7시집 『우수憂愁의 바람』
      제8시집 『세종대왕』
      제9시집 『시인의 가슴에 심은 나무는』
      제10시집 『따뜻한 가족』
      제11시집 『새벽, 창을 열다』
현재 (사) '자연을 사랑하는 문학의 집·서울' 이사장
      대한민국예술원 회원, 한국문학관협회 회장

E-mail hurankim@hanmail.net

새벽, 창을 열다

지은이 | 김후란
펴낸이 | 김재돈
펴낸곳 | 시와시학 도서출판
1판1쇄 | 2012년 9월 20일
출판등록 | 2010년 8월 10일
등록번호 | 제2010-000036호
주소 | 서울 종로구 명륜동1가 42
전화 | 744-0110
FAX | 3672-2674

값 10,000원

ISBN 978-89-94889-39-9 03810

* 저자와의 협의에 의해 인지를 생략합니다.
* 잘못된 책은 바꾸어 드립니다.